Francine Minville

Le mal dans sa
Divinité

éditions Dédicaces

LE MAL DANS SA DIVINITE

Couverture de WILLIAM BLAKE
The House of Death - 1795/1805
Tate Gallery (London)

Dépôt légal:
Bibliothèque et Archives Canada
Bibliothèque et Archives nationales du Québec

Un exemplaire de cet ouvrage a été remis
à la Bibliothèque d'Alexandrie, en Egypte

DEJA PUBLIE:
- « C'est ça la vie! », poésie, éditions Dédicaces, juin 2009

AUTRES PUBLICATIONS:
- Publication du poème « La guerre à tout prix » dans l'anthologie *« Poésie du rêve - Rêves de poésie »*, Les Dossiers d'Aquitaine, Collection Littérature, 2009 (Bordeaux, France).
- Publication de quatre poèmes dans la revue *Gardiolarem*, juillet 2009, Vic la Gardiole (Hérault, France).
- Participation au 3eme *Festival international de la Poésie à Paris*, (www.poetesaparis.fr), organisé par *« Poètes à Paris »*, Président : Yvan Tetelbom - 2009

POUR TOUTE COMMUNICATION :

http://www.dedicaces.ca
Courriel : info@dedicaces.ca

Francine Minville

Le mal dans sa
Divinité

Lorsque l'imagination, les arts et les sciences
et tous les dons de l'Esprit Saint se sont faits vains
et qu'il ne reste plus à l'homme que la compétition,
alors le jugement dernier est proche.

Le Jugement Dernier
WILLIAM BLAKE

Préface

Que voilà un titre d'oeuvre poétique pour le moins audacieux! Cela prend un certain courage pour associer ces deux termes (mal et divinité), quasi antinomiques dans notre société judéo-chrétienne. Une telle association pourrait facilement relever du scandale dans l'esprit de plusieurs. Et pourtant, c'est le titre qu'a choisi Francine Minville, poétesse de la lignée des Lautréamont et William Blake par les thèmes qu'elle traite, pour son deuxième opus poétique.

Déjà, dans le champ littéraire québécois, l'œuvre de Francine Minville trace et creuse un sillon particulier. Il s'agit d'une œuvre que j'oserais qualifier d'initiatique en ce sens qu'elle nous introduit, poème après poème, à un autre monde, à une dimension intérieure plus sombre, presque interdite, qu'elle nous ouvre une porte sur un espace vertigineux habité par une certaine démence:

Il en tient à ceux qui voient au delà de la vérité
Dans la profondeur de l'encre sur des écrits fondés
Qui attendent le mot d'ordre pour se déployer

Comme dans son précédent recueil, Francine Minville prend fait et cause contre les souffrances humaines et appelle à « *rendre justice selon nos lois / Envers et contre tous* ». Mais la poétesse se bute à une certaine fatalité. C'est ce qui lui fait lancer ce cri : « Laissez-moi mourir ».

Penser, sans pouvoir exprimer ce qui explose dans ma tête
Car mes lèvres resteront closes à tout jamais

La poésie de Francine Minville est obscure, sombre mais attentive aussi à la vie puisque comme le dit si bien Hélène Ouvrard, « au fond, tout le mystère de la poésie est d'être attentif au monde ». Dans l'œuvre de Francine Minville, on sent passer le souffle puissant des détresses qui s'acharnent sur les êtres humains, des mensonges qu'on leur fait gober en retour d'une piteuse espérance. Alors on y entend gronder, de temps à autre, une immense révolte qui la fait invoquer celui qu'elle nomme «Lucem Ferre».

Ravalez vos paroles et jetez-les aux ruines
Avec les rats et la vermine

L'auteure nous fait descendre avec elle dans ce qu'elle appelle ses «lieux amers» pour nous ramener quelques vers plus tard *« de la terre des hommes à celle des clones »*. La poésie de Francine Minville est une poésie de douleur qui, comme le dit si bien Christian Bobin, fait éclater le cœur «en silence et puis plus rien, presque rien : des lettres qui font des mots qui s'avancent, des phrases qui s'enfoncent et se perdent dans le matin d'hiver».

Je vous invite à la rencontre d'une auteure malgré tout lumineuse, de cette lumière qui finit par jaillir du plus profond de la souffrance et des ténèbres.

SERGE BAGUIDY-GILBERT, m.a.Th

Remerciements

Je remercie infiniment monsieur Guy Boulianne, fondateur et éditeur en chef des éditions Dédicaces, pour son professionnalisme incontournable, sa générosité et son soutien à mon égard. Sans lui, la réalisation de ce livre n'aurait pas été rendue possible.

Je tiens à remercier profondément ma mère pour tout son amour, ce qui m'a donné le pouvoir d'aimer à mon tour et la force d'affronter tous les combats de la vie.

À ma soeur Sylvie, un grand merci pour ses encouragements à persévérer dans le domaine littéraire. Son support et ses conseils judicieux m'ont aidée à puiser pour le meilleur.

Merci à monsieur Serge Baguidy-Gilbert d'avoir pris de son temps pour écrire la préface de cet ouvrage. Je suis très honorée que cet homme au parcours impressionnant et à la plume harmonieuse ait accepté d'apposer sa signature en introduction à mes créations littéraires.

FRANCINE MINVILLE

*Oser faire ce que les autres n'ont point accompli
avec ou sans accord, vaut le génie de William Blake*
FRANCINE MINVILLE

Le mal dans sa Divinité

12

LA POSSESSION D'UN POÈTE

Petite plume qui chatouille ma main frêle
M'enveloppant de mots qui ne plaisent guère
Qui au fond de mes pensées austères
S'en découlent des sonnets fiers

Quatrains, rimes, tercets se libèrent
Me transportant au-delà des frontières
Pour m'enchanter de chimères
M'élevant au-dessus de la sphère

Poésie, poésie, danse, danse
Fais couler ton encre en cadence
Pour que jaillisse ma semence
Qui s'étalera dans l'univers en démence

Aiguisant ma plume franche
Dans un tourbillon de mots, de sens
Sentence mémorable à outrance
Pour toujours me tenir en transe

Messages d'amour, messages de guerre
Folie passagère, folie meurtrière
Petite plume qui a tout pour plaire
Pour que je reste dans cette galère

Le jugement de l'être...
            Rendre justice selon nos lois
                        Envers et contre tous

LAISSEZ-MOI MOURIR

Tout ce qu'il me reste n'est qu'un regard sur la vie
De ceux qui me tiennent en laisse

Je suis fait de chair... morte
Perdu dans l'au-delà
Dépourvu de dignité devant cette vérité

Nul sens au regard des autres
Plus qu'un moribond à découvert

Une feuille morte
Que l'on ramasse et que l'on jette
Parfois conservée entre les pages d'un vieux bouquin
Qui ne sert plus à rien

Immobile jusqu'à la fin
Sans rêve
Amour déchu

Que de pensées envahissent mon esprit
Penser, sans pouvoir exprimer ce qui explose dans ma tête
Car mes lèvres resteront closes à tout jamais

Vivre seulement d'un éternel regard
Prisonnier de mon agonie
Esclave d'une machine qui prend mon souffle...
Souffle de vie perdu pour toujours

Pourquoi prolonger mes souffrances ?
Que ferez-vous de moi ?
allez, allez, reste avec nous...

NON NON... LAISSEZ-MOI MOURIR

Plus rien à faire sur cette terre...
Terre de souffrance, terre hostile
Plus rien à faire dans ce monde
Seulement...

MOURIR, MOURIR, MOURIR

TYRANNIE

Ô vie de misère
Qui prend toute sa colère
Pour arracher de leur chair
Ceux qui vivent un calvaire

De toutes les prières
Entre ciel et terre
Pour tous nos frères
Qui s'en vont en enfer

Quand le Saint-Père
Nous présentera à ses pairs
Nous combattrons les sorcières
Sortant du mystère

De là, nous verrons la lumière
Éclater dans l'univers
Et nous franchirons les barrières
Pour une place au cimetière

Ô toi Satan
Le plus odieux des tyrans
Abusant de tes plans
Pour les ranger dans ton camp

Que feras-tu de ton attroupement,
De tes démons et de tes mutants
Lorsque nous les vivants
Serons tous au firmament?

De là, ton acharnement
Et tes rugissements
S'éteindront vivement
Dans les larves des volcans

Et vous les perdants
Vivrez pour longtemps
Dans les bras de Satan
Loin des gagnants

AMOUR-HAINE

J'ai vu une rose noire qui avait fière allure
Envoûtée par sa beauté aux épines cachées
Pétales de rose, semblant d'amour

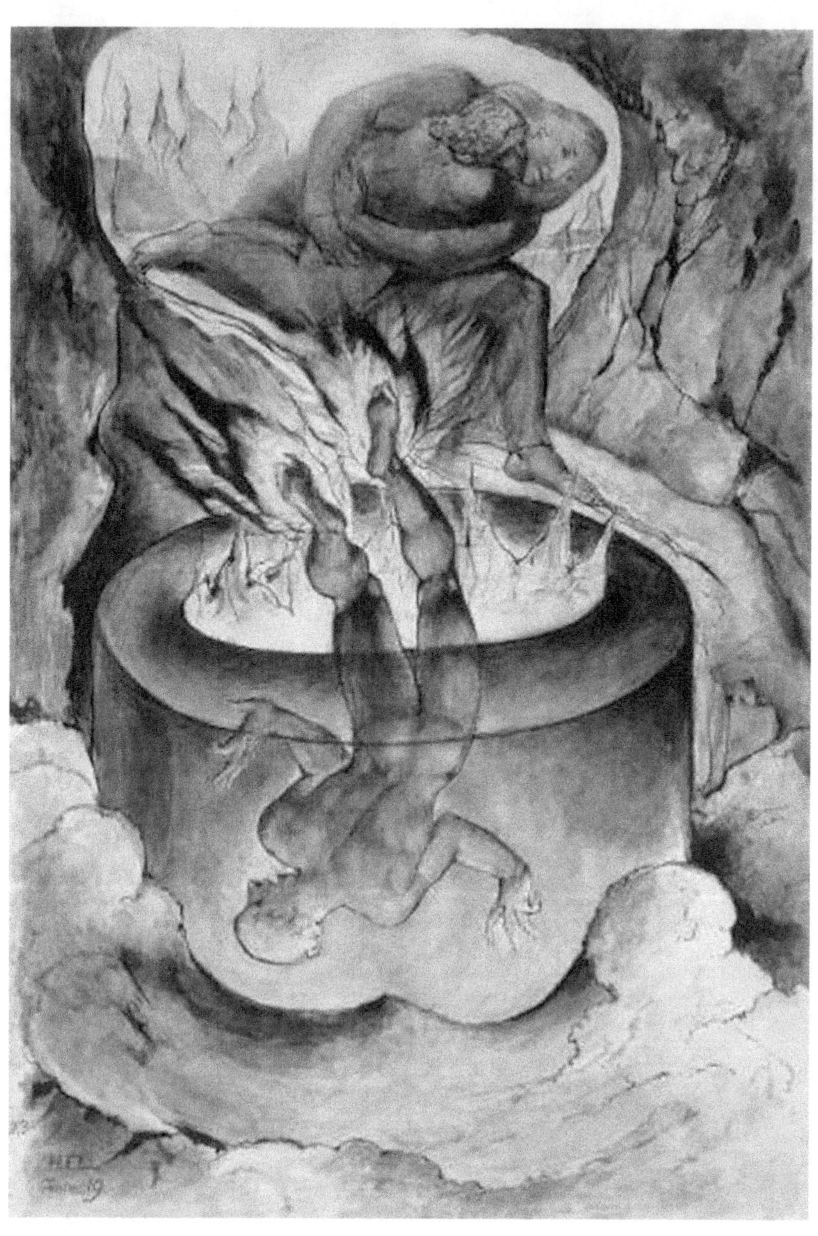

NE DITES RIEN

Ne dites rien
Ou vous serez condamnés à perpétuité

Ne dites rien, sinon pour votre bien

Gardez le masque et la muselière
Pour ne pas déplaire à Lucifer

Taisez-vous et allez vous cacher
Sous la jupe de votre mère

Ne dites rien, craignant votre sort
Bien sûr, sans aucun remords

Silence, ou l'on vous jettera à la mer
Avec les langues de vipères

Ravalez vos paroles et jetez-les aux ruines
Avec les rats et la vermine

Ne dites rien, car Satan battra de ses ailes
Et vous aboierez pour l'éternité

Prenez la plume pour nous mentir
Et atteindre tous vos désirs
Mais sans vous démentir

Que vos écrits brûlent en enfer
Et que les cendres envahissent vos cauchemars
Jusqu'à la mort

VENGEANCE - *miserere mihi*

Il y a longtemps que je suis mort
Mais pire encore
Car je suis condamné à demeurer éveillé
Dans mon château hanté

Vengeance enivrante dans mon esprit dépravé
Qui prit naissance dès mon enfance
Sortant des sentiers battus...
Battus par les grands de ce monde barbare

Maintenant, sous mon emprise
Vous n'êtes plus rien sauf mien
HA HA HA
Bienvenue dans mon enfer
Mes lieux amers

Mort...
La mort ou pire encore

Mes souffrances sont avec vous
Et avec votre esprit
CHERS VAUTOURS

Vengeance, vengeance
Tu me fais du bien - *miserere mihi, miserere mihi*

Le malheur de tous fait le bonheur de Lucem Ferre
Qui malgré ses crimes demeure absous...
Absolution envers et contre tous

Puissance délectable devant tous ses cadavres
En signe de proie sur leurs croix
Porté par leur foi, digne de toutes les lois
Repentis dans l'oubli, malgré leurs cris

Vengeance, vengeance
Tu me fais du bien
Vengeance, vengeance, je te tiens
miserere mihi, miserere mihi

Quand le feu n'est que colère
        dans le temple de Satan,
            alors il ne reste plus à l'humain
                qu'à songer à son propre sort

EXTRAVAGANCE

Viens dans mes bras que je te possède
Jusqu'au plus profond de ton corps
Ce qui en sortira s'écoulera de ma chair
Jaillissant d'un éternel désir
À vouloir encore et encore ce plaisir charnel

Rien n'arrêtera mon besoin d'acquérir
Toutes les jouissances d'un réel fantasme
Pour que je goûte à jamais le fluide de la puissance éternelle
Qui m'enfoncera dans les plus beaux péchés mortels...

Encore et Encore...

LE POUVOIR DE SATAN

Du ciel à la terre il fut prince
Pour en devenir le Roi

De sa ferveur à l'horreur
Pour faire peur à toute heure
Sortant ses griffes à tout moment
Pour les couvrir de sang

Petit ange devenu grand
Qui a pris force dans son esprit
Vidant ses veines pour laisser place
À sa chair gluante et puante

Ses yeux perçants comme ceux d'un serpent
Se font souvent très charmants
Afin d'hypnotiser pour tuer
Tous ceux qui l'ont offensé

De sacrilège perpétuel
Pour accomplir et pervertir
Dans sa luxure à la torture
Pour satisfaire ses goûts amers

Un détraqué en liberté
Qui apparaît et disparaît
Comme un magicien draconien
Prenant forme en tout homme

Le malin, roi des menteurs
Qui joue en sa faveur
Pour combler tous ses désirs
Dans le but de nous trahir

Dans un avenir rapproché
Il sera Dieu de l'humanité
Et son pouvoir fera de nous
Des monstres pour l'éternité

HELL
Canto 6

Les Gardiens du temple de l'Empereur
détiennent les clés de l'horreur.
Malheur à tous ces grands veneurs
qui tenteront de vaincre ces prédateurs

LA TERRE DES CLONES

De la terre des hommes à celle des clones
Au diable le trône !

Reproduction oblige selon les maîtres de la terre
Que de mystère !

Statue de cire pour les gardiens et double clone pour les vilains
Vive les libertins !

Éliminer toute trace de stupidité
Pour faire place à l'originalité
Dans un avenir organisé
Où les sentences seront éliminées

Ne vous prenez pas au sérieux
Sinon, pour des dieux

Suivez la trace de ces têtus
Même si le ridicule tue

Choisir le mal plutôt que le bien, autant en rire que d'en pleurer
Car là est la réalité depuis le temps de l'humanité

LE PORTEUR DE LUMIÈRE

Je l'aime depuis longtemps
Même si parfois il m'est infidèle

J'ai besoin de lui
Je suis perdue sans lui

À la fois sombre et resplendissant
Parfois fou, mais je m'en fous
Il est le meilleur

Je me sens belle à ses côtés
Je me sens forte auprès de lui
J'ai tous les droits dans ses bras

Il faut lui plaire, car il s'envole

Plusieurs l'ignorent, ils sont jaloux
Puisqu'ils ne peuvent le conquérir

De son pouvoir persuasif
À sa puissance collective
Laissant ses traces, traces de gloire
Il vaut de l'or et plus encore

Je le garderai toute ma vie
Je ferai tout en mon pouvoir
Pour qu'il soit mien à tout jamais

Je volerai pour lui plaire
Je tuerai s'il le faut
Je mourrai pour lui

Ce joyau m'appartient, m'avez-vous comprise ?

Quand les détenteurs du pouvoir suprême
veulent posséder sans répit la première place,
alors prions pour que notre route ne croise pas la leur

LA RIVIÈRE DE SANG

Dans une forêt où les loups crièrent d'une faim meurtrière
Suivant leurs traces pour constater cette nature vorace
M'y approchant à petits pas, de peur d'être dévorée
Je tombai dans une rivière ensanglantée

Baignant dans le sang, j'y découvris de l'agrément
Qui fit ressurgir mes démons du passé
Me rappelant le jour où je contemplais la bête
Croyant pouvoir trouver ma voie

Dans un château où j'étais Reine
Avide de richesse et de pouvoir
Parcourant le chemin du damier
Pour me couvrir de tous les joyaux

Rivière de sang qui autrefois
Ruisselait dans la forêt vierge
Maintenant vêtue de sa robe rouge
S'écoulera dans les ténèbres pour toujours

Le sang du diable m'aspergeant de joie
Pour m'empreindre de l'esprit du mal

LA LOI DU PLUS FORT

Ah oui, il est grand le mystère de la foi
Croyance accomplie à toutes les lois
Pris d'assaut par derrière
Et bienvenue en enfer

Ah oui, il est puissant le mystère de l'empire...
Empire de grande rivalité
Branle-bas de combat
Pour les faibles au désarroi

Côté jardin pour les puissants
Côté « court » pour les perdants !

Lorsque le diable se dissimule avec adresse,
nous pouvons percevoir la bête comme un prince

LE FILS DU ROI

Digne d'un royaume
Où les valets sont rois
Portant à leur main
La coupe royale
Au goût de sang
Saveur de gloire

Il fut un temps
De prospérité
Et de grande richesse
Aux allures respectives
Pour tous ces pions
Servant la loi

Foudroyante nuit annonçant ma mort
Ombre de malheur
Ne sachant plus de quel côté se trouve ma place
Courir vers l'infini
Emporté par l'esprit du mal

Oublier l'amour pour toujours
Usure de la guerre brisant mon coeur

Carnage de mon passé
Regardant mon sang se figer
Ère de liberté maintenant condamnée
Vie emprisonnée dans cet enfer
Effroyables cris, j'entends les chaînes se briser dans mon esprit

Éteindre les lumières de mon périple qui prend fin
Univers je t'ai cherché, mais je ne t'ai point trouvé
Mais peut-être là où je vais, l'univers m'appartiendra

LE LABYRINTHE DES TÉNÈBRES

Corps perdus qui prirent fausse route
En s'y promenant dans les abîmes
Sur le chemin des condamnés

Dans l'obscurité de leurs pensées
S'y trouve un long parcours damné
Où les routes se sont croisées

Sans issue de part et d'autre
Car leur croyance s'est livrée
À celui que l'on redoute,
Satan le tout-puissant

Le dernier des combattants
Préféra le surmonter
Alors qu'il avait trouvé la voie
Son coeur s'en est allé

DIRECTION... L'ENFER

Je suis douleur...
Douleur de mon coeur, douleur d'enfer...
Enfer éternel dans mon âme...
Âme perdue par mes actes immoraux

J'ai fait le mal....
Mal inguérissable de toute une vie...
Vie de destruction envers mes frères...
Frères de sang et de guerre

Mal-aimé, dont la volonté n'est plus...
Plus que souffrance au-delà de la mort...
Mort inachevée au banc des accusés...
Accusé au nom de l'humanité

Le plus libre de tous les hommes,
est celui qui a dit non à l'esclavage

LAMBETH. Printed by Will Blake 1794

LA TENTATION D'UN POÈTE

Il en tient à ceux qui voient au-delà de la vérité
Dans la profondeur de l'encre sur des écrits fondés
Qui attendent le mot d'ordre pour se déployer

Dévoilement dans l'absolu, car la raison est née
En laissant sa trace pour l'éternité

Dire ou ne pas dire, là est la question !

À propos de l'auteure

Née à Montréal en 1963, Francine Minville travaille depuis plusieurs années dans divers domaines artistiques et culturels.

En 1980, alors qu'elle n'avait que 17 ans, elle s'aventura dans la ville de Puerto Rico pour y travailler au sein d'une équipe québécoise pour le parc d'attraction « *Les Amusements spectaculaires* ». En 1982, lors de son cours de coiffure à l'école G.V.L, elle fût approchée pour coiffer les acteurs sur le plateau de tournage de la seconde version du film « *Les Plouffes* ». En 1984, elle participa au concours *Miss Montréal* où elle remporta le prix pour le défilé de mode.

Deux ans plus tard, elle prit un cours de cinéma à l'Académie de théâtre et cinéma de Montréal. Par cet intermédiaire, elle tint le rôle principal dans le film « *Creasy Weekend* » du producteur James P. Blakes de la Californie. Par la suite, elle fut modèle pour le magazine de mode « *Marie-Pier* ». En 1987, elle travailla à titre de chorégraphe pour les défilés de mode et spectacles à l'Académie Marie Papillon et en 1989, elle fut finaliste pour le concours d'hôtesse à l'émission télévisée « *La roue chanceuse* » à la télévision Quatre-Saisons. Francine Minville est à l'emploi de la Commission scolaire de Montréal depuis 1990.

Dans le domaine littéraire, Francine Minville prit sa plume afin d'atténuer sa colère face à toute l'injustice dans le monde. Prônant la justice depuis son plus jeune âge, elle ne pouvait concevoir de telles différences entre les peuples, les riches et les pauvres et de toute cette violence perpétuelle. Elle écrivait plusieurs textes pour les jeter par la suite et recommencer à nouveau jusqu'au jour où elle décida d'en faire des écrits formels. Depuis ce temps, l'écriture fait partie de sa vie.

En juin 2009, elle publiait aux éditions Dédicaces son premier recueil de poésie « *C'est ça la vie!* ». Son poème « *La guerre à tout prix* » fut publié dans l'anthologie « *Poésie du rêve - Rêves de poésie* » éditée par les Dossiers d'Aquitaine en France. Récemment, elle écrivait la préface pour les recueils de poésie de Brigitte Willigens et de Roland Dubé. En septembre 2009, Francine Minville participa à la 14ième édition du *Baltimore Book Festival* dans le Maryland aux États-Unis.

Francine Minville travaille désormais sur plusieurs projets d'écriture et elle publie régulièrement dans différentes revues littéraires en Europe et ailleurs.

www.francineminville.com

À propos de William Blake

Il était fils d'un bonnetier et, dès l'enfance, montra d'étonnantes dispositions pour le dessin et la poésie. Il est envoyé à dix ans dans une école de dessin, où il composera ses premiers poèmes. Devenu élève du graveur James Basire à quatorze ans, il fut chargé de dessiner les antiquités de l'abbaye de Westminster et d'autres vieux édifices, milieux qui ne manquèrent pas d'exercer une vive influence sur son imagination mélancolique. Trop pauvre pour faire face aux frais d'impression de ses œuvres, il se fit son propre éditeur et imagina d'y appliquer son écriture mise en relief par la morsure sur des plaques de cuivre.

Il publia ainsi ses *Songs of Innocence*, ornées de ses dessins (1789, pet. in-8), œuvre singulière, qui eut du succès, ce qui l'encouragea à donner successivement, sous la même forme: *Books of prophecy* (1791) ; *Gates of paradise* (1793) ; *America, a prophecy* (1793, in-fol.) ; *Europe, a prophecy* (1794, in-fol.) ; *Songs of Experience* (1794).

En même temps, il faisait figurer, à plusieurs expositions de l'Académie royale, des peintures allégoriques, historiques et religieuses. Il publia *The Marriage of Heaven and Hell* (in-quarto), satire du *Heaven and Hell* de Swedenborg, en 1790. En 1797, il entreprit une édition illustrée par lui des *Nuits de Young*, qu'il laissa inachevée, puis il alla vivre à Felpham, auprès du poète William Hayley, faisant des dessins pour celui-ci, et peignant quelques portraits, et ne revint à Londres qu'au bout de trois ans. Ses quarante dessins gravés par Schiavonetti pour une édition du poème *The Grave* (1808, gr. in-quarto) de Blair furent très admirés, de même que sa grande estampe le *Pèlerinage de Canterbury* (1809).

Entre-temps, il continuait de composer, d'illustrer et d'imprimer des poèmes étranges, empreints d'un mysticisme obscur : *Jerusalem: the emanation of the Giant Albion (And did those feet in ancient time)* ; *Milton, a poem* (1804) ; *Job* (1826) ; etc. Le plus original est le dernier : c'est aussi celui dont les gravures sont les plus finies. Tous ces volumes sont aujourd'hui fort recherchés, surtout les exemplaires coloriés par l'artiste lui-même. Blake est devenu membre de la Royal Society le 14 mai 1807. Sa mort interrompt l'illustration de *The divine comedy* (1825-1827) de Dante.

[réf. : Wikipédia]

Salle de travail et chambre mortuaire de William Blake
Frederic James Shields (1833-1911)

Index des images

Oeuvres de William Blake

Autre oeuvre

Table des matières

Poussière d'enfer, reste où tu es !